Todos los libros de Linkgua Ediciones cuentan con modelos de Inteligencia Artificial entrenados por hispanistas. Pregúntale al chat de tu libro lo que desees acerca de la obra o su autor/a.

Para ebooks: Accede a nuestro modelo de IA a través de este enlace.

Para libros impresos: Escanea el código QR de la portada con tu dispositivo móvil.

Obtén análisis detallados de nuestros libros, resúmenes, respuestas a tus preguntas y accede a nuestras ediciones críticas generativas para una experiencia de lectura más enriquecedora.
La transparencia y el respeto hacia la autoría de las fuentes utilizadas son distintivos básicos de nuestro proyecto. Por ello, las respuestas ofrecen, mediante un sistema de citas, las fuentes con las que han sido elaboradas.

Pedro Calderón de la Barca

Memorial dado a los profesores de pintura

Barcelona 2024
Linkgua-ediciones.com

Créditos

Título original: Memorial dado a los profesores de pintura.

© 2024, Red ediciones S.L.

e-mail: info@Linkgua-ediciones.com

Diseño de cubierta: Michel Mallard

ISBN rústica: 978-84-96290-56-3.
ISBN ebook: 978-84-9953-471-8.

Sumario

Brevísima presentación

La vida

Pedro Calderón de la Barca (Madrid, 1600-Madrid, 1681). España.

Su padre era noble y escribano en el consejo de hacienda del rey. Se educó en el colegio imperial de los jesuitas y más tarde entró en las universidades de Alcalá y Salamanca, aunque no se sabe si llegó a graduarse.

Tuvo una juventud turbulenta. Incluso se le acusa de la muerte de algunos de sus enemigos. En 1621 se negó a ser sacerdote, y poco después, en 1623, empezó a escribir y estrenar obras de teatro. Escribió más de ciento veinte, otra docena larga en colaboración y alrededor de setenta autos sacramentales. Sus primeros estrenos fueron en corrales.

Lope de Vega elogió sus obras, pero en 1629 dejaron de ser amigos tras un extraño incidente: un hermano de Calderón fue agredido y, éste al perseguir al atacante, entró en un convento donde vivía como monja la hija de Lope. Nadie sabe qué pasó.

Entre 1635 y 1637, Calderón de la Barca fue nombrado caballero de la Orden de Santiago. Por entonces publicó veinticuatro comedias en dos volúmenes y La vida es sueño (1636), su obra más célebre. En la década siguiente vivió en Cataluña y, entre 1640 y 1642, combatió con las tropas castellanas. Sin embargo, su salud se quebrantó y abandonó la vida militar. Entre 1647 y 1649 la muerte de la reina y después la del príncipe heredero provocaron el cierre de los teatros, por lo que Calderón tuvo que limitarse a escribir autos sacramentales.

Calderón murió mientras trabajaba en una comedia dedi-
cada a la reina María Luisa, mujer de Carlos II el Hechizado.
Su hermano José, hombre pendenciero, fue uno de sus edito-
res más fieles.

Memorial dado a los profesores de pintura

En la villa de Madrid, a 8 de julio de 1677 años, la parte de los profesores del arte de la pintura de esta corte, para más probanza de lo articulado en su «Interrogatorio», presentaron por testigo a don Pedro Calderón de la Barca, estando en esta corte, caballero del Orden de Santiago, capellán de honor de su majestad y de la Real Capilla de los Señores Reyes Nuevos de la Santa Iglesia de Toledo, y a la segunda pregunta dijo: que por la natural inclinación que siempre tuvo a la pintura, solicitó saber lo que de ella habían sentido los antiguos escritores, que la admiraron de más cerca; y como para entrar en el conocimiento de cualquiera supuesto es la primera puerta su definición, halló que la más significativa era ser la pintura un casi remedo de las obras de Dios y emulación de la naturaleza, pues no crió el poder cosa que ella no imite, ni engendró la Providencia cosa que no retrate; y dejando para adelante el humano milagro de que en un lisa tabla representen sus primores, con los claros y oscuros de sus sombras y luces, lo cóncavo y lo llano, lo cercano y lo distante, lo áspero y lo leve, lo fértil y lo inculto, lo fluctuoso y lo sereno, hizo segundo reparo en que trascendiendo sus relieves de lo visible a no visible, no contenta con sacar parecida la exterior superficie de todo el universo, elevó sus diseños a la interior pasión del ánimo; pues en la posición de las facciones del hombre (racional mundo pequeño) llegó su destreza aun a copiarle el alma, significando en la variedad de sus semblantes ya lo severo, ya lo apacible, ya lo risueño, ya lo lastimado, ya lo iracundo, ya lo compasivo; de suerte que, retratado en el rostro, el corazón nos demuestra en sus afectos, aun más parecido el corazón que el rostro. Conque una vez cumplida y muchas admirada su definición, pasó la curiosidad de este testigo a investigar su origen, y halló en el asentado principio de recibidas autoridades, que, bien como la

Eterna Sabiduría, para ostentarse Criadora, sacó de una nada la fábrica de todo, así quiso que la que todo había de imitarlo se produjese de otra nada. Salían de bañarse en el mar unos muchachos, y hallándose desnudos en su orilla, notaron cuán parecidos los semejaba el Sol en el arena; y travisamente jugando, empezó uno a seguir con el dedo los perfiles de la sombra de otro. Viendo cuán imitada dejaba su estatura, porfiando a cuál mejor, prosiguieron en contrahacerse los unos a los otros: la novedad del que después halló las varias formas de naturales cuerpos esculpidas (fuese o no Parrasio, a quien muchos lo atribuyen) cargó la imaginación en cómo podría adelantar aquel principio; y bien, o mal, como supo, les fue añadiendo ojos y bocas. Complacido de ver que no dejaba de darles un algo de más vivo, entró en la esperanza de que podría su desvelo mejorar dibujos a costa de borrones; y así, siguiendo, a porfiadas instancias de su idea en repetidas líneas, las grabadas señas del informe embrión que le ofreció la playa, lo fue perfeccionando hasta lograrle parecido; y como es fácil hallar la senda que hay desde lo inventado a lo añadido, siguieron otros su dictamen que, a enmiendas del estudio y mejoras del tiempo, creció a la suma estimación en que hoy se halla: de modo que para argumento de ser la pintura inspirado numen de sobrenatural aliento baste saber que fuese su taller primero la luz, su primer bosquejo la sombra, su primer lámina la arena, su primer pincel el dedo, y su primer artífice la joven travesura de un acaso.

Aunque (sobre tan alta definición, y no menos misterioso origen) hubo quien intentase deslucir el arte de la pintura, motejándola de no ser arte liberal por no hallarla en el número de los siete, que comúnmente se llaman liberales; pues siendo como son gramática, dialéctica, retórica, aritmética, música, geometría y astronomía, y no estando entre ellos la pintura, le pareció bastante consecuencia de no serlo: también hubo quien dijese que el no nombrarla no fue omisión, sino cuidado, respecto de ser tan arte de las artes que a todas las domina, sirviéndose de todas. La gramática lo diga la primera, como primero fundamento de ellas y de las ciencias; pues la tributa las concordancias con que se avienen sus matices en la mezclada unión de sus colores: puesto que el día que no distribuyera lo blanco a la azucena, lo rojo al clavel, y lo verde a sus hojas (y así en todo) cometiera solecismos en su callado idioma. La dialéctica, juez que distingue, por vía de argumento, lo bueno de lo malo, lo cierto de lo dudoso, y lo falso de lo verdadero; viendo cuanto (a fuer de grande) vive expuesta a disputas y cuestiones, y (a fuerza docta) obligada a sustentarlas y argüirlas, lo diga la segunda, dando a sus academias silogismos en forma, bien que como el que para ejemplo de parte suya depone este testigo a la objeción pasada, por no estar entre las artes liberales, que graduó la griega escuela, asienta el murmurador no serlo la pintura: luego tampoco lo será la escultura, la simetría, la arquitectura, la oratoria, la poesía y otras matemáticas, que no están en aquella clase numeradas; como tampoco están entre los siete sabios suyos Aristóteles y Platón, y no por eso dejaron de ser sabios: luego concedido el antecedente, no se puede negar la consecuencia; y cuando ella no baste, basten otras, que a pariedad reduzcan la teórica a la práctica en el presunto juicio que hace este testigo. Supóngase que Pedro, porque convino a su propósito, hablando del aire y del fuego los llamó elementos; porque parase en ellos su discurso, ¿dejarían de serlo el agua y la tierra? No, que el elegir a unos no es excluir a otros: conque es constante que, asistida de la dialéctica, siempre en sus conclusiones quedará ventajosa la pintura. La retórica, orden de bien hablar, a que se remiten la oratoria y la poesía, cuyo principal asunto es la persuasión, también la asiste con la energía de las locuciones; pues retórica muda, no persuaden menos que pintada sus voces, articulados sus matices, ¿qué mayor elocuencia que la que representa? Pues sabiendo que es un manchado lino de minerales y licores, hace creer (o cuando no lo crean que lo duden) que se ve presente lo historiado, y real lo fabuloso. Y volviendo a la cita, que quedó pendiente, en cuanto que retrate interiores afectos, pase su noble engaño de la eficacia de los proprios al arrebatamiento de los ajenos. Si pinta batallas, fervoriza a empresas; si incendios, atemoriza a horrores; si tormentas, aflige: si bonanzas, deleita; si ruinas, lastima; si países, divierte; si jardines, recrea; si póstuma fama de generosos héroes, acuerda en sus retratos sus proezas y mueve a disculpada envidia de sus hechos; si doctos sujetos, a digna emulación de sus estudios; si santos varones, a gloriosa imitación de sus virtudes; y finalmente si en reverentes simulacros nos pone a la vista aun los más arcanos misterios de la fe, ¿qué dormido corazón no despierta al silencioso ruido del culto, de la reverencia y del respeto? Tal es la eficacia de sus iluminadas o oscurecidas sombras y líneas; y ya que líneas dije, córralas la aritmética en sus pautadas reglas. Es la aritmética matemático punto a cuya enseñanza, uso y conocimiento se reducen, con las demás matemáticas, la arquitectura y la escultura, y tan superior a todas que todas necesitan de ella y ella no necesita de ninguna; porque para la perfección de sus números no ha menester valerse de sus líneas, y ellas para la perfección de sus líneas han menester valerse de sus números; y con ser tal su dominio, es tal el vasallaje que rinde a la pintura que no dará perfecto rasgo sin aritmético precepto que la asista. La geometría, que es lo mismo, y la prespectiva, en quienes resultan de ambas los efectos, tiene a su cargo la proporción de tamaños y medidas, creciendo o abreviando al compás de la estatura las facciones; y no solo al compás de la estatura, pero al compás de la distancia en que ha de colocarse; pues tal vez desplace mirado de cerca, lo que mirado de lejos no desplace. Estos dos contrarios extremos pone en razón la prespectiva, pues se ve que en un mismo cuadro proporciona cercanías y distancias, cuando en el primer término demuestra el real frontispicio de suntuoso alcázar, tan regularmente ejecutadas arquitectura y escultura que desprendidas del lienzo estatuas y columnas, dan a entender en sus resaltos que por detrás de ellas se pasa al término segundo, en cuyo espacio, ejecutando la óptica sus grados, se van disminuyendo su fábrica y la vista hasta tocar en el tercero, que, apenas perceptible, le ofrece tan cabal como el primero, con tanta consonancia templados sus diseños que unísonos no dejan de carearse con la música; pues si ella tiene por objeto suspender el espíritu a cláusulas sonoras, a no menos acordes cláusulas le suspende la pintura con las ventajas que lleva el sentido de la vista al del oído; y más si terminando el horizonte se corona de nubes y de cielos, llevándose tras sí la imaginativa a la especulación de signos y planetas. Conque contribuyendo a la pintura la gramática sus concordancias; la dialéctica sus consecuencias; la retórica sus persuasiones; la poesía sus inventivas; sus energías la oratoria; la aritmética sus números; la música sus consonancias; la simetría sus medidas; la arquitectura sus niveles; la escultura sus bultos; la prespectiva y óptica sus aumentos y disminuciones; y finalmente la astronomía y astrología sus caracteres, para el conocimiento de las imágenes celestes; ¿quién duda que número transcendente de todas las artes sea la principal que comprehende a todas?

En cuanto a la estimación en que ha visto tener y tiene a los profesores de la pintura, dijo: que si hubiera de hacer memoria de los romanos emperadores, sumos pontífices, ínclitos césares, reyes augustos, príncipes soberanos, títulos y caballeros particulares, que no solo la honraron, pero la ejercieron, fuera introducir inadvertido noticias de historiador en deposiciones de testigo, pues fuera preciso que acordara a Nerón en sus primeros años (corregido discípulo de Séneca) alternando con el pincel el ceptro; y asimismo a Elio Adriano, a Marco Aurelio, a Alejandro Severo y principalmente a Constantino VIII, que desposeído del imperio no sacó de sus deshechas ruinas más tesoro que el haberla aprendido para alimentarse de ella; a Alexandro Magno, cuya liberalidad antepuso en honor de la pintura; entre cariño y privanza, el amor de la privanza, a Julio César, que en públicos edictos mandó que los pintores gozasen privilegios de ciudadanos romanos, dando a los extranjeros francos de tributos, y capaces sitios para sus escuelas en que cursaran los hijos de los nobles, con prohibición de que no entrasen a ellas los esclavos, porque no desluciese lo bajo de la servidumbre lo generoso de su estudio; entre otros se esmeraron los dos Fabios, pintores ambos, y ambos embajadores por el Senado a Ptolomeo de Egipto, y los dos cónsules, hijo y nieto de Numa Pompilio, segundo rey de romanos; y en más vecinos tiempos al pontífice Julio II, de quien Michael Angelo obtuvo honrosos caballeratos; como de Urbano VIII Diego de Romido, pintor español, el hábito de Cristo en collar de oro con medalla de su efigie; y de León X, Rafael de Urbino la dignidad cardenalicia, cuya sagrada púrpura desvaneció en grana de polvo lo arrebatado de su muerte. Y transcendiendo de ajena patria a propria patria, el señor rey don Juan el Segundo armó caballero de la espuela dorada a Dello, pintor florentino; el señor rey don Fernando el Católico, a Francisco del Rincón con hábito de Santiago; el señor emperador Carlos V, a Vacho Vandinelo con el mismo hábito; y a nuestro Berruguete con llave de ayuda de su cámara; el señor rey Felipe II con honras y mercedes a cuantos, o naturales o extranjeros, enriquecieron con sus originales el no menor de sus tesoros en la octava maravilla de su Real Fábrica de San Lorenzo, con tanta magnificencia que aun los ausentes alcanzaron sus honores, pues no pudiendo venir a España el Ticiano, a causa de haberle enviado la señoría de Venecia, patria suya, a Constantinopla, a ruegos del Gran Turco, que era entonces, y habiendo enviado, según las medidas que se le remitieron, los cuadros que hoy El Escorial contiene suyos, en gratitud de ellos le envió entre otros dones el hábito de Santiago, con recomendación a la república de que le admitiese igual a su mayor nobleza. Y el señor rey Felipe IV tuvo tan natural afecto a la pintura que hoy se conservan en su guardajoyas, por las más preciosas, primorosos dibujos de su mano, habiendo dado a Diego Velázquez de Silva, su ayuda de cámara, con el hábito de Santiago, el oficio de aposentador mayor de su palacio, y a Juan Carreño la llave de su furriera, ocupación de toda seguridad y confianza, a cuyo ejemplar nuestro felicísimo Carlos II que Dios guarde, para consolador, retrato suyo (porque aun en esto no se pierda de vista la pintura) asistido del serenísimo señor don Juan de Austria (universal mecenas de todos los beneméritos en estas facultades) ha honrado a don Francisco de Herrera con el puesto de maestro mayor de sus Reales Obras, y a don Francisco Rosi, y don Francisco Mur con llave también de su furriera, último honor, que con esperanza de los futuros pone a sus profesores en posesión de todos los pasados.

En cuanto a los privilegios que en todas las edades han ganado los profesores del arte de la pintura, dijo: que aunque para comprobación de su nobleza bastará a su corto juicio lo que lleva declarado, con todo eso, no fiando de sí la autoridad de tan considerable punto, se remite a lo que acerca de él escribieron el licenciado Gaspar Gutiérrez de los Ríos, abogado de los Reales Consejos, en la General noticia de las artes liberales, don Juan Butrón en los Discursos apologéticos de la ingenuidad de la pintura, el doctor don Juan Rodríguez de León, predicador de su majestad en la panegírica deposición de un Memorial, que de parte de los pintores se presentó en este mismo caso, autorizado con las aprobaciones de don Juan de Jáuregui, caballero de la señora reina doña Isabel de Borbón, pintor insigne y profesor de todas buenas Letras, del maestro Josef de Valdivieso, capellán de honor del señor Infante Cardenal, y de Lope de Vega Carpio, del hábito de San Juan, y familiar del Santo Oficio; a una información en derecho que en favor de sus inmunidades escribió el licenciado don Alonso Carrillo, abogado también de los Reales Consejos, en cuyo trabajado estudio (feliz parto de su lúcido ingenio) se hallan recopiladas cuantas exenciones en distantes siglos les fueron concedidas. Y finalmente a una ejecutoria ganada en contradictorio juicio por parte de los plateros, en favor de todas las artes que constan de dibujo, concedida por el señor Carlos V y la señora reina doña Juana su madre, en esta villa de Madrid en el año de 1552, en que expresamente declara no ser comprehendidos con los demás oficios, en una pragmática de trajes, porque el arte (estas son sus palabras) no es oficio, y así el derecho les nombra a sus profesores artífices y no oficiales; porque propria y verdaderamente oficial es el que hace obra, para cuya composición no se requiere ciencia ni arte, y artífice se dice aquel cuya obra no se puede hacer sin ciencia y noticia de algunas de las artes liberales; y prosigue para distinción de cuáles son las exceptuadas o las comprehendidas, nombrando algunas que se omiten aquí por no hacer lo favorable odioso, el día que no influye para el mérito de unos, el no mérito de otros; y también se remite a las ejecutorias que tienen ganadas los profesores de la pintura y otros, sobre no pagar el alcabala y ser exentos de contribuir al tercio provincial de Valladolid, que tienen presentadas en el pleito sobre que se litiga.

Nada pone en más alto predicamento a la pintura y a sus profesores que la amiga desunión en que siempre se han mantenido y conservado sin hacer nunca cuerpo de comunidad aparte, ni tener examinadores, juntas, ni cabildos; pues si tal vez han hecho algún servicio a su rey ha sido con protesta de donativo voluntario, y aun ese concedido por algunos particulares, sin general poder de todos, como consta de no haber jamás nombrado entre sí repartidores, tanto por no haber tenido necesidad de ellos cuanto por la imposibilidad que hubiera en ajustar la igualdad de los repartimientos con la desigualdad de las pinturas. Alguna hubo (Bullario fue su autor) que se ferió a peso de oro y muchas hay que no valen lo que valiera el bastidor sin ellas. ¿Cómo, pues, habían de avenirse estos extremos? Porque si se les repartiera considerable precio al que, a costa de sus estudios, adquirió caudales, y se le reservara por pobre al que por falta hizo vulgar el ejercicio, fuera gravar aciertos y tolerar errores, cuando fuera más justo declarar errores para premiar aciertos y más a vista de las leyes que dan por libres a los eminentes en sus artes de capitales penas; y hay ley que ordena que el que labrare en ajena posesión deje a su dueño lo fabricado o lo sembrado en ella; y luego la misma ley dispone que si la posesión fuese una tabla en que diestro pintor hubiese ejecutado algún diseño de estimable valor, en ese caso ceda la tabla a la pintura, quedando la pintura para el pintor y el precio de la tabla para el dueño; conque si la misma ley que en común obliga a todos, privilegia en particular a la pintura, bastante consecuencia deja a las demás para que la miren como exenta y traten como noble. Y habilidad que, a diversión de mayores cuidados, aprenden reyes no puede quedar villana para nadie. Y para llegar de una vez al sumo encarecimiento de las prerrogativas que la asisten, Dios, cuando Dios se retrató en el hombre, pues le sacó del ejemplar de su idea, imagen y semejanza suya; Dios, cuando hombre (no habiendo permitido que humano pincel le retratase, deslumbrando a esplendores a cuantos lo intentaron), porque el mundo no quedase sin tan gloriosa prenda, se retrató a sí mismo en el blanco cendal de la piadosa Verónica, y su misma Divinidad (que aunque bajó con el alma al limbo, quedó con el cuerpo en el sepulcro) se retrató en la Sábana Santa y Santo Sudario de Rostro, de que son fieles testigos Roma, Saboya, Jaén y Oviedo; conque formando este testigo de su deposición un círculo perfecto, que donde empieza acaba, vuelve a acabar donde empezó, ratificándose en ser la pintura remedo de las obras de Dios, pues Dios, en cierto modo pintor, se retrató en sus mayores obras. Y todo lo que lleva dicho este testigo, lo sabe por lo mucho que ha leído, así en historias como en otros escritos curiosos y noticias de personas de toda creencia y fidedignas; y ser común opinión y pública voz y fama en que se afirma y ratifica, y lo firmó don Pedro Calderón de la Barca. Ante mí, Eugenio García Coronel.

Libros a la carta

A la carta es un servicio especializado para
empresas,
librerías,
bibliotecas,
editoriales
y centros de enseñanza;
y permite confeccionar libros que, por su formato y con-
cepción, sirven a los propósitos más específicos de estas ins-
tituciones.

Las empresas nos encargan ediciones personalizadas para
marketing editorial o para regalos institucionales. Y los in-
teresados solicitan, a título personal, ediciones antiguas, o
no disponibles en el mercado; y las acompañan con notas y
comentarios críticos.

Las ediciones tienen como apoyo un libro de estilo con
todo tipo de referencias sobre los criterios de tratamiento ti-
pográfico aplicados a nuestros libros que puede ser consulta-
do en Linkgua-ediciones.com.

Linkgua edita por encargo diferentes versiones de una
misma obra con distintos tratamientos ortotipográficos (ac-
tualizaciones de carácter divulgativo de un clásico, o versiones estrictamente fieles a la edición original de referencia).

Este servicio de ediciones a la carta le permitirá, si usted
se dedica a la enseñanza, tener una forma de hacer pública
su interpretación de un texto y, sobre una versión digitaliza-
da «base», usted podrá introducir interpretaciones del texto
fuente. Es un tópico que los profesores denuncien en clase
los desmanes de una edición, o vayan comentando errores de
interpretación de un texto y esta es una solución útil a esa
necesidad del mundo académico.

Asimismo publicamos de manera sistemática, en un mismo catálogo, tesis doctorales y actas de congresos académicos, que son distribuidas a través de nuestra Web.

El servicio de «libros a la carta» funciona de dos formas.

1. Tenemos un fondo de libros digitalizados que usted puede personalizar en tiradas de al menos cinco ejemplares. Estas personalizaciones pueden ser de todo tipo: añadir notas de clase para uso de un grupo de estudiantes, introducir logos corporativos para uso con fines de marketing empresarial, etc. etc.

2. Buscamos libros descatalogados de otras editoriales y los reeditamos en tiradas cortas a petición de un cliente.